El Día de la Independencia

Mir Tamim Ansary

Heinemann Library
Chicago, Illinois

H HEINEMANN-RAINTREE

TO ORDER:
☎ Phone Customer Service **888-454-2279**
💻 Visit **www.heinemannraintree.com** to browse our catalog and order online.

©2008 Heinemann-Raintree
a division of Pearson Education Limited
Chicago, Illinois

Editorial: Rebecca Rissman
Design: Kimberly R. Miracle and Tony Miracle
Picture Research: Kathy Creech and Tracy Cummins
Production: Duncan Gilbert

Originated by Chroma Graphics (Overseas) Pte. Ltd
Printed and bound in China by South China Printing Co. Ltd.
Translation into Spanish by DoubleO Publishing Services

ISBN-13: 978-1-4329-1934-4 (hb)
ISBN-10: 1-4329-1934-2 (hb)
ISBN-13: 978-1-4329-1942-9 (pb)
ISBN-10: 1-4329-1942-3 (pb)

12 11 10 09 08
10 9 8 7 6 5 4 3 2 1

Library of Congress Cataloging-in-Publication Data

Ansary, Mir Tamim.
  [Independence Day. Spanish]
  El Día de la Independencia / Mir Tamim Ansary.
     p. cm. -- (Historias de fiestas)
  "Translation into Spanish by DoubleO Publishing Services"--T.p. verso.
  Includes index.
  ISBN-13: 978-1-4329-1934-4
  ISBN-10: 1-4329-1934-2
  ISBN-13: 978-1-4329-1942-9 (pbk.)
  ISBN-10: 1-4329-1942-3 (pbk.)
  1. Fourth of July--Juvenile literature. 2. Fourth of July celebrations--Juvenile literature. 3. United States--History--Colonial period, ca. 1600-1775--Juvenile literature. 4. United States--History--Revolution, 1775-1783--Juvenile literature. I. Title.
  E286.A124618 2008
  394.2634--dc22
                              2008036774

Acknowledgments
The author and publishers are grateful to the following for permission to reproduce photographs: Alamy p. 20 (North Wind Picture Archives); AP/Wide World p. 24; Corbis pp. 28-29 (Firefly Productions); Culver Pictures p. 8; The Granger Collection pp. 10, 13, 15, 21, 25; North Wind Pictures pp. 11, 12, 16, 17, 18, 19, 22, 23, 26, 27; Photo Edit pp. 4-5 (Gary A. Conner), 6-7 (Jeff Greenberg); Super Stock p. 14.

Cover photograph reproduced with permission of BL Images/Alamy.

Every effort has been made to contact copyright holders of any material reproduced in this book. Any omissions will be rectified in subsequent printings if notice is given to the publisher.

Disclaimer
All the Internet addresses (URLs) given in this book were valid at the time of going to press. However, due to the dynamic nature of the Internet, some addresses may have changed, or sites may have changed or ceased to exist since publication. While the author and publisher regret any inconvenience this may cause readers, no responsibility for any such changes can be accepted by either the author or the publisher.

Contenido

Algunas palabras aparecen en negrita, **como éstas**.
Puedes averiguar sus significados en el glosario.

Una fiesta de verano

El Día de la **Independencia** es nuestra fiesta más importante del verano. Siempre se celebra el cuatro de julio. En esta época del año, los días son largos y cálidos.

Muchas familias pasan el día al aire libre. Miran los desfiles. Van de picnic. Luego, al caer la noche, crece el entusiasmo. Todos saben lo que se aproxima: ¡los fuegos artificiales!

Celebración de nuestra Independencia

Desde hace mucho tiempo, los fuegos artificiales han formado parte de nuestro Día de la **Independencia**. A algunas personas les recuerdan los tiempos de la guerra. Nuestro país luchó en una guerra para obtener su independencia.

Independencia es otra manera de decir "libertad". ¿Por qué nuestro país tuvo que luchar para ser libre? ¿De quién se liberó? Esta historia comienza hace 400 años.

Las trece colonias inglesas

Antes del siglo XVII, pocos **europeos** vivían en Norteamérica. Fue entonces cuando, un grupo de ingleses llegó a este territorio. En 1607, construyeron un pueblo que llamaron Jamestown.

El Capitán John Smith era el líder de Jamestown.

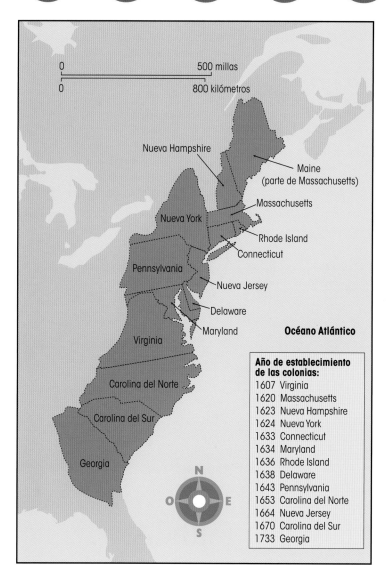

Luego llegaron más **pobladores**. Eran los **colonos**. Se consideraban a sí mismos ingleses, pero vivían aquí, lejos de su propio país. En Norteamérica se formaron trece **colonias** inglesas.

Un atareado Nuevo Mundo

A los **colonos** les iba bien en esta nueva tierra.
Sembraban **cultivos** y se dedicaban a la pesca.
Obtenían **maderos** de los árboles que serruchaban.

Compraban lo que no podían fabricar. Comerciaban entre sí y también con Inglaterra. Nuevos pueblos crecían con rapidez en esta tierra.

Separación

Al principio, los **colonos** eran **leales** a Inglaterra y su Rey.
Pero Inglaterra estaba muy lejos. Cuando los colonos
necesitaban ayuda, no podían obtenerla de Inglaterra.

Los colonos se ocupaban ellos mismos de casi todos sus problemas. Con el correr del tiempo, se sintieron cada vez menos conectados con Inglaterra, o Gran Bretaña, como se llamó después de 1707.

La Guerra franco-indígena

En 1754, Gran Bretaña entró en guerra con Francia. Parte de esta guerra se luchó en Norteamérica. Aquí, la guerra se llamó la Guerra franco-indígena.

Muchos indígenas americanos se unieron a los franceses durante la Guerra franco-indígena.

Los **británicos** ganaron esta guerra. Obligaron a los
franceses a retirarse de Norteamérica. Pero la guerra
había costado mucho dinero. Dejó una gran **deuda**
al rey británico.

Los impuestos del rey

El rey **británico** era Jorge III. Decidió obtener dinero de los **colonos** que estaban en Norteamérica. Les ordenó pagar muchos **impuestos** nuevos.

Los colonos consideraron que estos impuestos eran injustos. Como ellos no habían **votado** a favor de una guerra, la **deuda** del rey no era su responsabilidad. El dinero no se gastaría para cubrir sus necesidades.

Colonos enojados

De hecho, los **colonos** no tenían derecho al **voto** en el **gobierno británico**. Entonces, ¿por qué deberían pagar los **impuestos** de Gran Bretaña? Hicieron esta pregunta al rey.

El rey Jorge no quiso responder. Envió soldados para apaciguar a los colonos. ¡Los colonos se vieron forzados a dejar que los soldados vivieran en sus hogares!

Problemas en Boston

En 1770 comenzaron los problemas en Boston. El 5 de marzo, soldados **británicos** asesinaron a cinco **colonos**. Los habitantes de las colonias estaban consternados. Este incidente se llamó la **Masacre** de Boston.

Patrick Henry (de pie, izquierda) pronunció un famoso discurso a un grupo de colonos el 23 de marzo de 1775.

Los colonos comenzaron a ver a Gran Bretaña como un enemigo. Hablaban de separarse de ese país. "Dame la **libertad** o dame la muerte", dijo un líder de los colonos llamado Patrick Henry.

Estalla la guerra

En 1775, a un general **británico** le pareció que los **colonos** estaban planeando provocar disturbios. Decidió apoderarse de su **pólvora**. Pero los colonos supieron que él estaba en camino.

Paul Revere advirtió a los colonos que los británicos se aproximaban.

Algunos colonos se escondieron cerca de los poblados de Concord y Lexington, en Massachusetts. Cuando los británicos marcharon delante de ellos, los colonos abrieron fuego. Comenzaba la Guerra Revolucionaria.

Thomas Jefferson

La Declaración de Independencia

¿Por qué luchaban exactamente los **colonos**? Un hombre llamado Thomas Jefferson lo expresó en palabras. Su comunicado se llamó **Declaración** de **Independencia**.

Jefferson escribió que los pueblos tenían derecho a elegir a sus propios dirigentes. Dijo que los colonos ya no querían ser gobernados por los soberanos **británicos** ni por sus leyes. Este anuncio se firmó el 4 de julio de 1776.

La Declaración de Independencia se leyó públicamente el 8 de julio de 1776 en Philadelphia, Pennsylvania.

Nace una nación

El rey Jorge se negaba a que las **colonias** se liberaran. Envió sus ejércitos a Norteamérica. Los **colonos** se defendieron. George Washington los lideraba.

El General británico Cornwallis (izquierda) se rindió ante George Washington (centro) en la última batalla de la Guerra Revolucionaria.

La Guerra Revolucionaria duró ocho años. En 1781, los **británicos** fueron vencidos. Los colonos podrían ahora formar su propio país. Formaron los Estados Unidos de América en 1783.

Muchos pueblos, un país

Los estadounidenses provienen de muchos lugares distintos. Nuestro país ha crecido de 13 **colonias** a 50 estados.

Juntos hemos construido un país. Pertenece exclusivamente a los **ciudadanos**. Los fuegos artificiales en el Día de la **Independencia** nos ayudan a celebrar nuestra libertad y orgullo por nuestro país.

Fechas importantes

El Día de la Independencia

1492	Cristóbal Colón explora las Américas por primera vez.
1607	Se funda Jamestown.
1733	Se funda Georgia, la decimotercera **colonia**.
1754	Comienza la Guerra franco-indígena.
1763	Termina la Guerra franco-indígena.
1765	La Ley del Timbre crea muchos **impuestos** nuevos para los **colonos**.
1768	Los soldados **británicos** llegan a Boston, Massachusetts.
1770	Ocurre la **Masacre** de Boston.
1775	Comienza la Guerra Revolucionaria.
1776	**Declaración** de **Independencia**
1781	El General Cornwallis se rinde en Yorktown.
1783	Termina la Guerra revolucionaria.
1787	Se redacta la Constitución.
1789	George Washington es elegido como el primer presidente de los Estados Unidos.

Glosario

británicos	personas provenientes de Gran Bretaña
ciudadanos	miembros de un país
colonia	tierra que pertenece o es controlada por otro país
colonos	personas que viven en una colonia
cultivos	plantas sembradas por los agricultores para alimento u otros usos
declaración	comunicado que anuncia algo
deuda	monto de dinero que se debe a otra persona
europeos	personas del continente europeo
gobierno	todas las personas que gobiernan un país, estado, ciudad o pueblo
impuestos	dinero que un gobierno recauda de sus ciudadanos
independencia	depender sólo de uno mismo, no estar bajo el dominio de nadie
leal	fiel, dispuesto a servir y seguir
libertad	capacidad que tiene una persona para decidir por sí misma
maderos	madera serruchada en tablones
masacre	asesinato de muchas personas que no pueden defenderse
pobladores	personas que se trasladan a un nuevo lugar para vivir
pólvora	polvo explosivo utilizado para disparar balas
votar	hacer una elección propia

Lectura adicional

Burke, Rick. *Paul Revere*. Chicago, IL: Heinemann Library, 2003.

Landau, Elaine. *Independence Day: Birthday of the United States*. Berkeley Heights, NJ: Enslow, 2001.

Schaefer, Ted and Lola Schaefer. *Independence Hall*. Chicago, IL: Heinemann Library, 2006.

Índice